Filastrocche Divertenti

Le più belle Filastrocche di sempre!

GATTI, CANI E TOPOLINI
FAN FELICI TUTTI I BAMBINI,
LA GALLINA E LA LUMACA
MIGLIORAN LORO LA GIORNATA.

Filastrocche

degli Animali

La Mosca Dispettosa

UNA MOSCA DISPETTOSA
VOLA SOPRA OGNI COSA,
VA SUL NASO ALL'ELEFANTE,
SULLA CODA DEL SERPENTE,
SULLA BOCCA DI UN CAPRONE
CHE LA MANGIA IN UN BOCCONE!

La Farfalla Svolazzina

VOLA VOLA LA FARFALLA
SU UNA ROSA TUTTA GIALLA,
SOPRA UN ALBERO FRONDOSO,
SOTTO UN GIGLIO VANITOSO,
POI SU UNA MARGHERITA ROSA,
POICHÉ È STANCA, SI RIPOSA.

Il Micio Pasticcione

IL MICIO DORME ASSAI BEATO
MA A UN TRATTO VIEN SVEGLIATO
DA UN GOMITOLO SROTOLATO
CHE ADDOSSO GLI È SCIVOLATO.
LO RINCORRE AL GRANDE TROTTO
SU E GIÙ PER IL SALOTTO.

CADONO TAVOLO, VASO E FIORI
E IL GOMITOLO SCAPPA FUORI.
RIMBALZANDO ORA IN CUCINA
CON LA ZAMPETTA MALANDRINA
LATTE, MIELE E BISCOTTI
SON PER TERRA TUTTI ROTTI!

Il Bruco Camillo

IL BRUCO CAMILLO
QUANDO È UN PO' ARZILLO
SALTA COME UN GRILLO,
CADE COME UN BIRILLO,
INDOSSA LA GONNELLA
E BALLA LA TARANTELLA!

Lo Scoiattolo e la Neve

FIOCCHI DI NEVE CADONO DAL CIELO,
E PRESTO STENDONO UN CANDIDO VELO.
CON GUANTI, SCIARPA E CAPPELLINO
LO SCOIATTOLO FA UN GIOCHINO:
LASCIA IMPRONTE SULLA NEVE
CHE CONTINUA A CADERE LIEVE!

La Tartaruga e il Pupazzo di Neve

DEL SUO GUSCIO FA UNA SLITTA
E SI LANCIA DRITTA DRITTA
GIÙ DALL'ALTO DEL FIENILE
PER GIOCARE NEL CORTILE.

LA TARTARUGA VEDE A UN TRATTO
UN PERSONAGGIO UN POCO MATTO
MA È DI NEVE, NON SI È ACCORTA?
IL CONTADINO SULLA PORTA!

Il Gatto

HO DUE BAFFI E UN FIUTO FINO,
SENTO ODOR DI TOPOLINO,
NEL RUSCELLO NON VOGLIO ENTRARE
PER PAURA DI ANNEGARE,
IO CAMMINO QUATTO QUATTO,
SONO IL... GATTO!

Gallinella Pan Grattato

GALLINELLA PAN GRATTATO,
DAMMI UN UOVO CHE SON MALATO,
DAMMENE DUE E GUARIRÒ
MA CON TRE FELICE SARÒ!

Tobia e il suo Osso

UN BEL BAGNO PER TOBIA
CHE ALLEGRO SCAPPA VIA,
BEN LAVATO E PROFUMATO
LA GIORNATA HA COMINCIATO.

POI METTE IN BOCCA UN OSSO
E LO NASCONDE IN UN BEL FOSSO.
TERRA E FANGO VOLAN VIA
UN PO' ADDOSSO ANCHE A TOBIA!

Michelino e il Gallo

MICHELINO AVEVA UN GALLO
BIANCO, ROSSO, VERDE E GIALLO
E PER FARLO BEN CANTARE,
GLI OFFRE DEL BUON MIELE DELL'ALVEARE.

COSÌ AD OGNI ALBEGGIARE
MICHELINO LO POTEVA ASCOLTARE!
CHE BEL CANTO, CHE MELODIA!
SVEGLIARSI COSÌ METTE ALLEGRIA!

La Gatta e il Topolino

UNA GATTA BATTAGLIERA
SI NASCONDE QUANDO È SERA
PER RIUSCIRE NEL GIARDINO
A TROVARE UN TOPOLINO.

DALLA TANA IL TOPINO
FA UN SALTINO PIAN PIANINO,
VEDE GLI OCCHI DELLA GATTA
CHE LO CERCA QUATTA QUATTA,
TORNA SVELTO ALLA SUA TANA
E DA LÌ NON SI ALLONTANA.

La Lumaca Clementina

LA LUMACA CLEMENTINA
VUOL PULIRE LA CASINA:
UN SOFFIONE PER PIUMINO,
CHIEDE AIUTO AL CANARINO

CHE SVELTO CON UN BALZELLO
LE PORTA L'ACQUA DAL RUSCELLO.
CLEMENTINA INFINE È CONTENTA
E RIPRENDE LA SUA VIA LENTA.

Filastrocche

della Fattoria

NELLA GRANDE FATTORIA
DALLA STALLA AL POLLAIO,
DALL'OVILE AL GRANAIO...

Il Galletto Codablu

NEL POLLAIO LE GALLINE
STRILLAN TUTTE SENZA FINE,
DA TRE GIORNI NON C'È PIÙ
IL GALLETTO CODABLU.

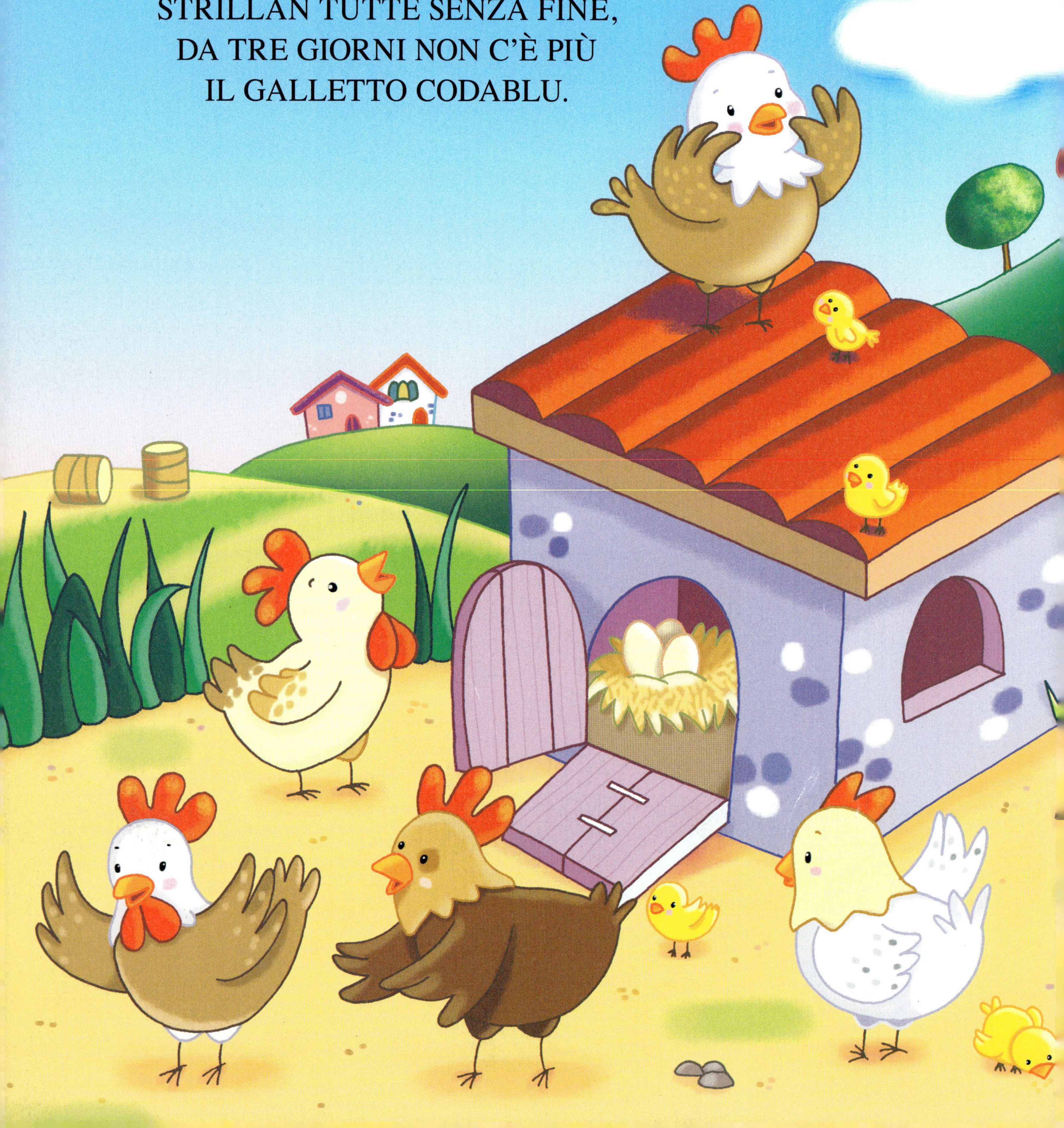

L'HAN CERCATO SOPRA IL MONTE
E POI GIÙ FINO ALLA FONTE,
LA COMARE ROSELLINA
NON STA PIÙ NEANCHE IN CUCINA,
CORRE SEMPRE SU E GIÙ,
MA IL GALLETTO NON C'È PIÙ.

Il Gattino e la Neve

AL CALDUCCIO DI UNA FIAMMA
UN GATTINO FA LA NANNA,
DORME SOPRA A UN CUSCINO
RISCALDATO DAL CAMINO.

SI RISVEGLIA SBADIGLIANDO,
GUARDA FUORI MIAGOLANDO:
BIANCA NEVE DA LASSÙ
SCENDE LENTA E CADE GIÙ!

Il Cavallino e il Sole

TROTTA, TROTTA CAVALLINO
CORRI FELICE VERSO IL MATTINO.
PRESTO IL SOLE SORGERÀ
E TUTTO IL MONDO ILLUMINERÀ.

Il Cagnone e il suo Osso

UN CAGNONE GRANDE E GROSSO
NON TROVAVA PIÙ IL SUO OSSO,
L'HA CERCATO NELLA STALLA
MA HA TROVATO UNA PALLA,

L'HA CERCATO NELLA PAGLIA
MA HA TROVATO UNA TENAGLIA,
L'HA CERCATO NEL MASTELLO
MA HA TROVATO UN MARTELLO.

ORMAI STANCO E SFIDUCIATO
SOTTO UN MELO SI È SDRAIATO
E VICINO A UNA RADICE
TROVA L'OSSO ED È FELICE!

La Frittata Profumata

NEL POLLAIO LA GALLINA
L'UOVO HA FATTO STAMATTINA.
LA MASSAIA ARRIVA LESTA,
METTE L'UOVO NELLA CESTA
E GIÀ PENSA ALLA FRITTATA,
TONDA, GIALLA E PROFUMATA.

L'Agnellino e l'Erbetta

NEL RUSCELLO PICCOLINO
STA BEVENDO UN AGNELLINO.
È STANCO, SPORCO E UN PO' SUDATO
PERCHÉ TANTO HA CAMMINATO.
VUOLE ANDARE SULLA COLLINETTA
PER BRUCAR LA TENERA ERBETTA.

Il Bimbo e il Cardellino

DALLA GABBIA UN CARDELLINO
CANTA A UN CIELO AZZURRINO,
A UN ALBERO DISTANTE,
A UN CAGNOLIN FESTANTE.

UN BAMBINO LÌ VICINO
FA UN SORRISO AL CARDELLINO:
“SONO IO QUI CON TE,
CANTA AMICO INSIEME A ME!”.

Il Topino col Codino

UN GATTACCIO GIALLO E BLU,
VUOL MANGIARE CHI SAI TU:
UN TOPINO COL CODINO E I BAFFETTI ALL’INGIÙ!

MA IL TOPINO COL CODINO
STA AL SICURO NEL BUCHINO.
IL GATTACCIO GIALLO E BLU PRIMA O POI SI STANCHERÀ
E IL TOPINO COL CODINO A GIOCARE TORNERÀ.

Le Quattro Caprette

ERAN QUATTRO LE CAPRETTE,
SI TENEVAN STRETTE STRETTE,

DA TUONI, LAMPI E SAETTE
NELL'OVILE STAVAN PROTETTE.
A GIOCAR HAN RICOMINCIATO
QUANDO IL SOLE È RITORNATO.

Il Ranocchio Arrabbiato

FECE UN SALTO E RUZZOLÒ,
POI RIALZANDOSI INCIAMPÒ
E DI NUOVO A TERRA CASCÒ.

POI PER PRENDERE UN BEL BRUCO
FINÌ DRITTO DENTRO A UN BUCO,
GAMBE ALL'ARIA, TESTA IN GIÙ:
CHE FATICA VENIR SU!

GIRA GIRA TUTTO INTORNO,
FIN NEL MARE PIÙ PROFONDO,
FINO IN CIMA AL CAMPANILE,
E POI TUTTI GIÙ A DORMIRE.

Girotondo di Filastrocche

La Stradina di Campagna

NELLA PICCOLA STRADINA
CHE VA VERSO LA COLLINA
C'È UN FORNAIO CON IL PANE,
UNA CASA CON UN CANE,
LE LENZUOLA STESE AL SOLE,
UN'AIUOLA CON LE VIOLE,

L'ORTOLANO CON LE MELE
DOLCI, DOLCI COME IL MIELE.
UN RINTOCCO DI CAMPANE
ARRIVA DA CITTÀ LONTANE,
A UN CORTILE COL CANCELLO,
ALLA MIA CASA COL SUO ORTICELLO!

La Mia Bicicletta

LA MIA AMICA BICICLETTA
MI ACCOMPAGNA SENZA FRETTA
VERSO UN VIAGGIO,
UN'AVVENTURA
E CON LEI NON HO PAURA.
CORRE SPINTA DAI PEDALI
E CON LEI NON HO RIVALI.

SENZA GOCCE DI SUDORE
SENZA FAR NESSUN RUMORE,
IN SALITA, SULLE VETTE,
PER STRADINE STRETTE STRETTE
E POI GIÙ COME A PLANARE
FINO A DOVE ARRIVA IL MARE.

Lillo e il Morbillo

UN BEL DÌ ALL'IMPROVVISO
CHE COMPARE SUL SUO VISO?
LILLO HA TANTE MACCHIE ROSSE
E A SEGUIR UN PO' DI TOSSE.

PER GUARIR È PRESTO DETTO
DEVE METTERSI NEL LETTO
E CON LO SCIROPPO CHE MAMMA GLI HA DATO
IL MORBILLO È PRESTO PASSATO!

Frutta e Verdura

MELA, ARANCIA, LIMONE E MANDARINO:
QUANTA FRUTTA COLTIVA IL CONTADINO!
E QUANDO SARÀ BEN MATURATA
NE FAREMO UNA SCORPACCIATA.

RAPE, CAROTE, LATTUGA E RAVANELLI
COLORANO GLI ALLEGRI ORTICELLI.

CON SOLE,
PIOGGIA ED ARIA PURA
DIVENTA BUONA
ANCHE LA VERDURA!

Il Pranzetto

BOLLE L'ACQUA SUL FORNELLO
PRESTO PRENDI QUESTO E QUELLO,
PENNE, FUSILLI O TORTIGLIONI
BUONI IN TUTTE LE STAGIONI.

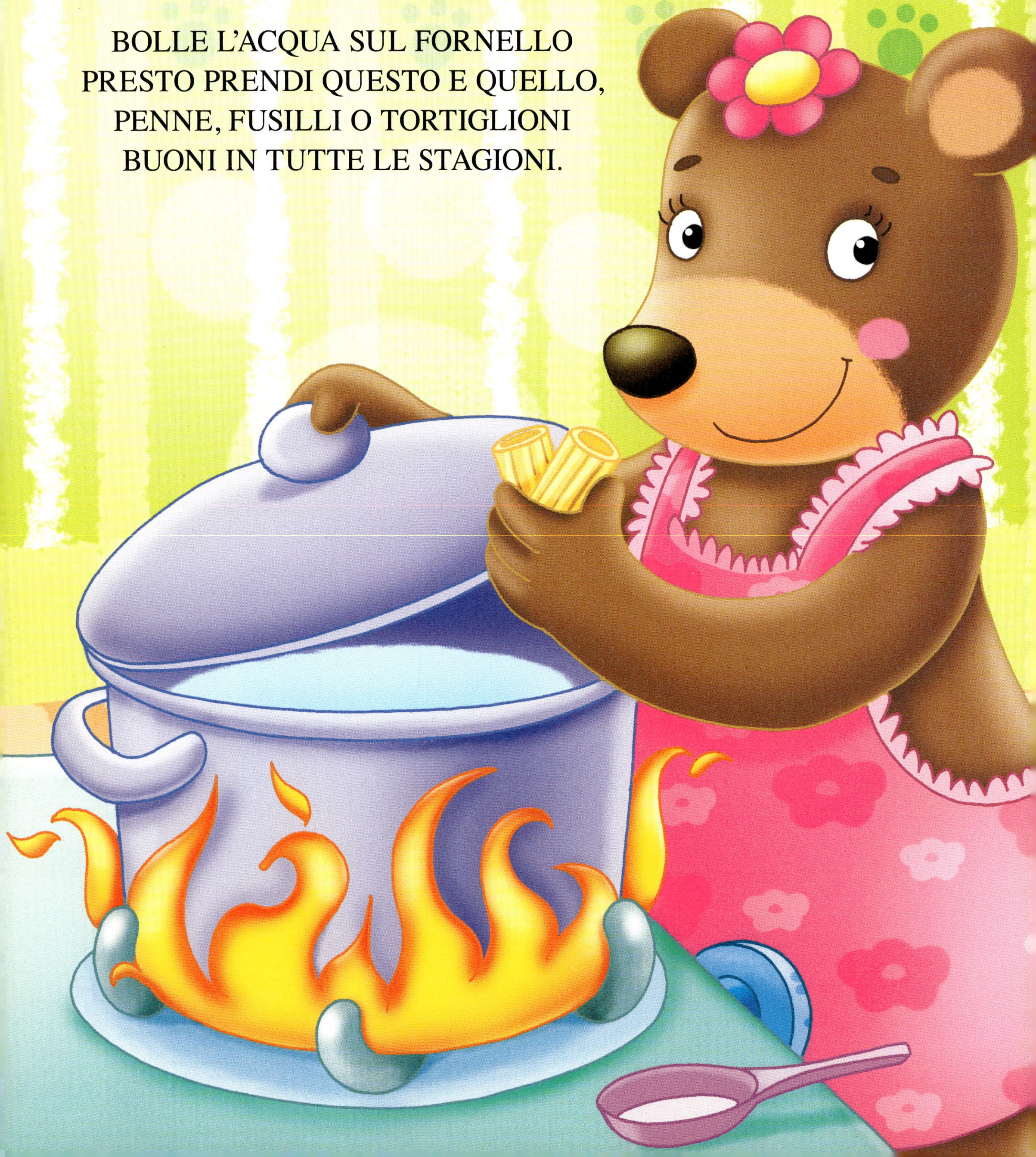

AGLIO E OLIO O ALL'ARRABBIATA
LI MANGIO IN UNA FORCHETTATA.
POI SPAGHETTI AL POMODORO
CHE DELIZIA, IO LI ADORO!
PASTA AL PESTO O CON IL RAGÙ
VIENI A PRANZO PURE TU?

L'Aquilone

VOLA IN ALTO L'AQUILONE
GIALLO, VERDE E ARANCIONE
SI ALZA IN ALTO, GIRA E BALLA
SEMBRA QUASI UNA FARFALLA.

FA L'INCHINO A UN LAMPIONE
BACIA I FIORI DI UN BALCONE
POI PIAN PIANO SCENDE GIÙ
PERCHÉ IL VENTO NON C'È PIÙ!

Il Cartello sul Castello

SULLA TORRE DEL CASTELLO
HANNO MESSO UN BEL CARTELLO:

PRINCIPESSE, DRAGHI E RE
SE TU VUOI GIOCAN CON TE,
E SE LA MAGIA VEDER VORRAI
FATE E MAGHI INCONTRERAI.

Il Bottone Birichino

UN BOTTONE BIRICHINO
S'È STACCATO DAL GIACCHINO.
NON SAI QUANTO L'HO CERCATO
CHISSÀ DOVE S'È CACCIATO!
POI PER ESSER PIÙ TRANQUILLA
AL SUO POSTO HO MESSO UNA SPILLA.

Il Campanile

TANTO ALTO È IL CAMPANILE
SOTTO IL CHIARO CIEL D'APRILE
POI DIN DON FAN LE CAMPANE
PER CHIAMAR GENTI LONTANE.

C'È UNA FESTA PIENA DI GIOIA
DOVE NESSUNO MAI SI ANNOIA
E CHE PORTA IN OGNI CUORE
IL DOLCE SUONO DELL'AMORE.

Billo il Pagliaccio

ENTRA IN PISTA BILLO IL PAGLIACCIO
CON UNA PALLA SOTTOBRACCIO,
GIOCA A FARE IL GRAN CAMPIONE.
MA POI FA UN BEL RUZZOLONE,
VUOL DOMAR TIGRI E LEONI
MA GLI CADONO I CALZONI.

POI VUOL FAR IL GIOCOLIERE
MA I BIRILLI FA CADERE.
LO SPETTACOLO È RIUSCITO
RIDE IL PUBBLICO DIVERTITO.

BUONANOTTE A TUTTI I BAMBINI
SOPRATTUTTO AI PIÙ PICCINI,
BELLE STORIE DA RACCONTARE
PER POI FARLI ADDORMENTARE.

Filastrocche
della Buonanotte

La Luna e le Stelle

NELLA NOTTE SILENZIOSA
TUTTO IL MONDO SI RIPOSA.
LE STELLINE A UNA A UNA
FANNO UN GIOCO CON LA LUNA.

E LA LUNA CON STUPORE
VEDE UN ANGOLO DI MONDO
DOVE I BIMBI FAN RUMORE
TUTTI INSIEME IN GIROTONDO.

MANDA ALLORA UNA STELLINA,
QUELLA SEMPRE A LEI VICINA,
DA QUEI BIMBI CHE GIOCANDO
SI RINCORRONO CANTANDO!

L'Agnellino e la Sua Mamma

DORME LIETO L'AGNELLINO,
ALLA SUA MAMMA STA VICINO,
DOLCI SOGNI LO STAN CULLANDO,
TANTE COCCOLE LO STAN ASPETTANDO.

Il Bruchino Mangione

UN BRUCHINO COL FARFALLINO,
LENTO, LENTO E SENZA FRETTA
MANGIA COME UN MAIALINO
DI UNA FOGLIA UNA GRAN FETTA.

DOPO UN PO', SAZIO E CONTENTO,
S'INCAMMINA LENTO, LENTO
E SI FERMA A RIPOSARE
ALL'OMBRA DI UN ALVEARE!

La Nonna e il Nipotino

IL CAGNOLINO VICINO AL FUOCO
S'ADDORMENTA POCO A POCO.
E NELLA CULLA LÌ VICINO
FA LA NANNA UN BEL BAMBINO.

ANCHE LA NONNA
FA UN RIPOSINO
MENTRE VEGLIA
IL SUO NIPOTINO.

Dormono Tutti

QUANDO È TARDI CHIUDON GLI OCCHI
TOPI, GHIRI E ORSACCHIOTTI,
DORME LA VOLPE NELLA TANA
E IL PESCIOLINO NELLA FONTANA.
SOGNA UNA RANA NELLO STAGNO
E DENTRO A UN BUCO RIPOSA UN RAGNO.

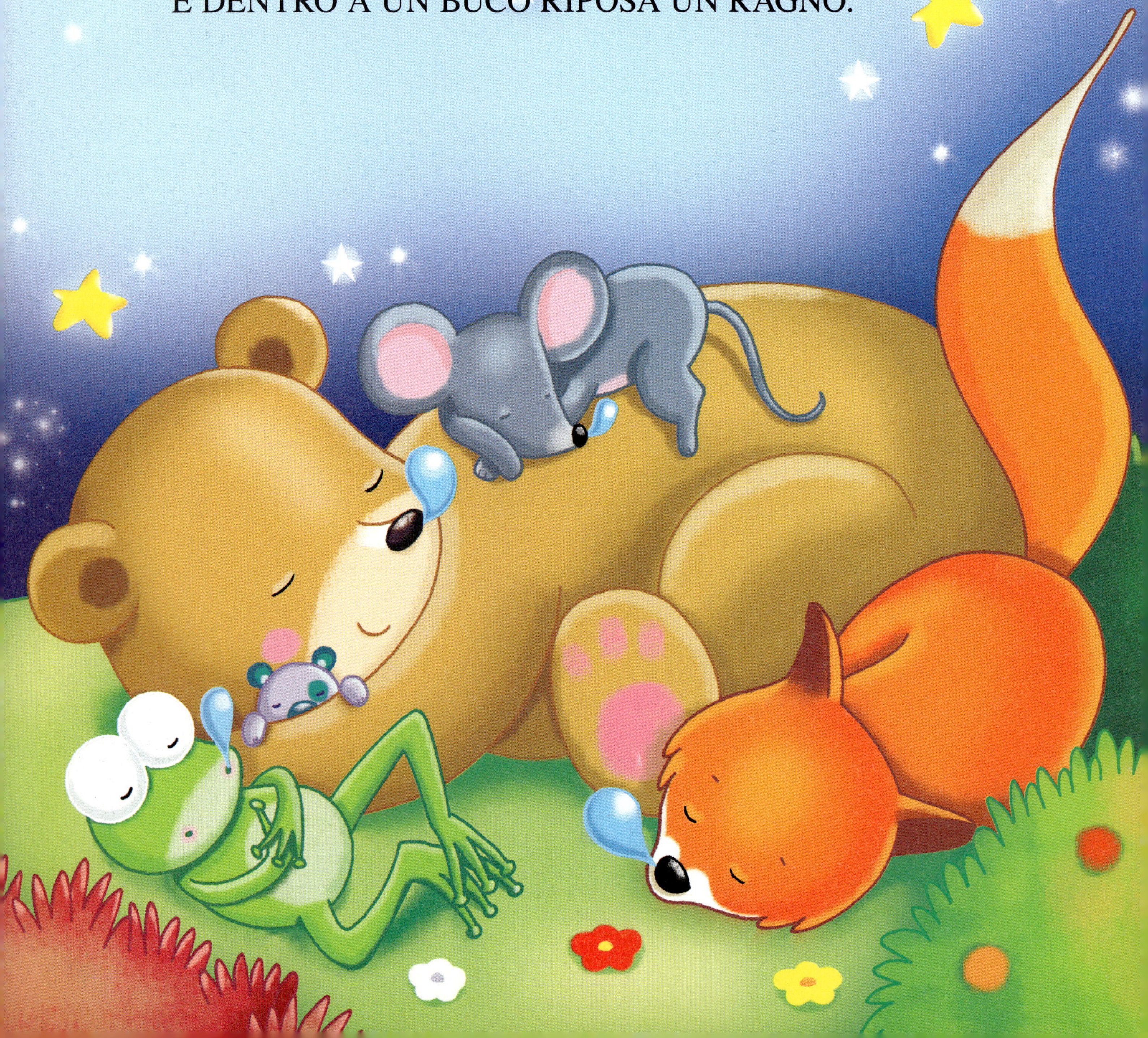

UN ASINELLO DENTRO LA STALLA
SOGNA DI ESSERE UNA FARFALLA
E QUESTA BAMBINA DORME BEATA
PERCHÉ SOTTO UNA STELLA
SI È ADDORMENTATA.

Dormi Bel Bambino!

DORMI DORMI BEL BAMBINO
CHE IL TUO ANGELO È VICINO,
IL TUO ANGELO È LA MAMMA
CHE TI CANTA LA NINNA NANNA!

TE LA CANTA DOLCEMENTE
FINCHÉ DORMI BEATAMENTE.
DORMI BENE BIMBO MIO
CHE VICINO CI SON IO.

Dolce Ninna Nanna

SOTTO UN CIELO BLU,
TRA LE DORATE STELLE,
SO CHE CI SEI TU
CHE LE HAI FATTE TANTO BELLE.

OH MIO BUON GESÙ,
FA CHE IN QUESTO MONDO,
TANTO GRANDE E TANTO TONDO,
LA GUERRA NON CI SIA PIÙ!

Il Tamburino

CHI VA LÀ? UN SOLDATINO.
COSA PORTA? UN TAMBURINO.
SA SUONARE? SÌ, CHE SA!
SUONI DUNQUE: PIM, PUM, PAM!

Vola Sopra una Stella

LE TUE ORE DELLA NANNA
SIANO DOLCI COME LA PANNA.
DORMI DORMI BAMBINA BELLA
SOGNA DI ESSERE SOPRA UNA STELLA.

LASSÙ NEL CIELO BLU,
PER POI TORNARE GIÙ.
GIÙ DALLA TUA ADORATA MAMMA
CHE ACCANTO A TE FA LA NANNA.

Gli Agnellini

QUATTRO AGNELLINI BRUCANO NEL PRATO,
UNO CORRENDO SI È ALLONTANATO.
TRE AGNELLINI INSIEME A UN GATTINO
SONO TANTO STANCHI E FANNO UN PISOLINO.

DUE AGNELLINI SI NASCONDONO NEL CORTILE
PROPRIO DIETRO A QUEL GROSSO BARILE.
UN AGNELLINO FA CUCÙ,
RIDE A CREPAPELLE E NON LA SMETTE PIÙ.

Giro girotondo

Giro girotondo,
quanto è bello il mondo,

centocinquanta,
la gallina canta,

canta a squarciagola,
non vuole andare a scuola,

la gallina bianca e nera
ti dà la buonasera.

La luna casca giù,
la nube non c'è più,

è fuggita per la montagna,
per trovare una castagna,

la castagna è tutta mia:
buonanotte compagnia.

Girotondo di bambini

Girotondo di bambini
furbi, allegri e birichini

tutto intorno al vecchio mondo!
Girotondo, girotondo,

c'è un biondino e
c'è un moretto,

c'è un bambino
giapponese, un cinese
e un eschimese

che sgambettano felici

tutti in pace, tutti amici.
Girotondo, girotondo
tutto intorno al vecchio mondo!

Sotto il ponte

Sotto il ponte
ci son tre bombe,

passa il lupo e non le rompe;
passa il re ne rompe tre;

passa la regina ne rompe una dozzina;
passa il reggimento ne rompe cinquecento.

Quando è ora di mangiare

Ecco bimbo che hai da fare:
        prima lava le manine
e il faccino un po' sporchino,
        stai seduto, e senza fretta,
dì alla mamma che ti metta
        attorno al collo un bavaglino,
se no sporchi il maglioncino!
        Resterai così pulito
fino a quando avrai finito.

Tirintoppete topino

Coda lunga e naso fino,
s'incammina per il mondo
e lo gira in largo e in tondo

per trovare una
moglietta

che gli faccia
la calzetta

che gli lavi la scodella
e gli rompa la più bella,

che gli comperi il groviera
e lo perda mattina e sera,

che gli spazzi la cucina

e gli allaghi la cantina,

che gli metta il fuoco a letto

e gli bruci casa e tetto,

che per sbaglio

i suoi figlioli

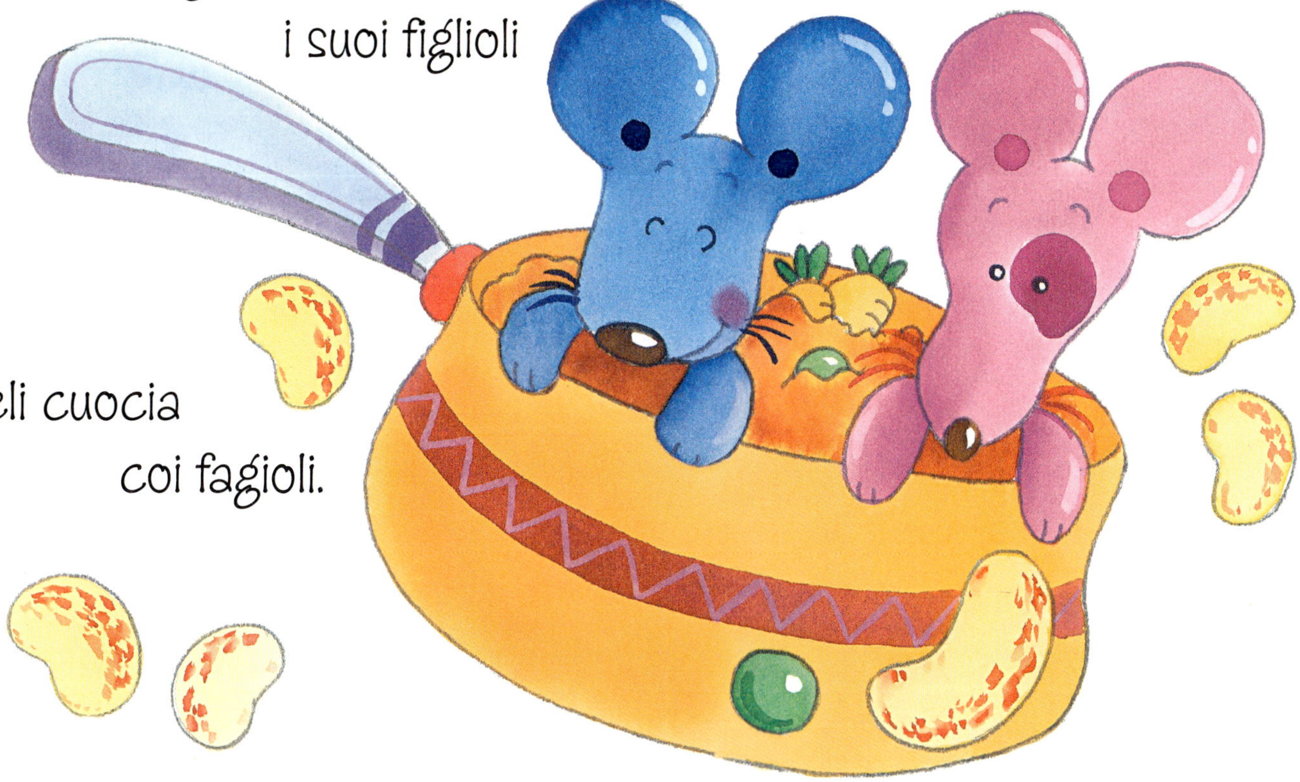

glieli cuocia

coi fagioli.

La Peppina

Uno, due, tre

la Peppina fa il caffè
fa il caffè con la cioccolata,

la Peppina si è mezza ammalata.

Si è ammalata di gran dolore,

ha chiamato il dottore,
il dottor con le ciabatte.

Qui mi duole e qui mi batte,
qui mi sento una gran pena,
sor dottore, senza cena.

Cecco Bilecco

Cecco Bilecco
monta sullo stecco

lo stecco si rompe
e cade giù dal ponte.

La sera si avvicina
e arriva la nonnina.

Cecco Rivolta

C'era una volta
Cecco Rivolta:
ruzzolò per le scale
e non si fece male,

ma all'ultimo scalino
si ruppe il mignolino.

L'apprendista stregone

Mescola, mescola,
nella pentola del mago
non devi sbagliare
o apparirá un drago
che sputerá fuoco, cenere e lapilli
sembrerá un vulcano,
perché ti meravigli?

Mescola, mescola, ed attizza il fuoco
mescola, mescola ancora per un poco
ormai nessuno potrà più fermarti
però stai attento,
potresti anche bruciarti.

Capitano Stoccafisso

Capitano Stoccafisso
ha un occhio storto e uno diritto.
Solca il mare con i velieri
assieme ai suoi filibustieri.
Scorribande in alto mare
galeoni da affondare,
ma in effetti è tutta scena
non ne vale poi la pena.
Capitano, lascia stare
soffri anche il mal di mare
torna in porto e stai attento
ammaina le vele c'è troppo vento!

Il saltimbanco

Il saltimbanco veste di bianco
salta e risalta non è mai stanco
con eleganza fa la piroetta
e sembra una molla, una saetta!
Cammina sul filo con disinvoltura
lo devo ammettere fa un po' paura
ma è bello vederlo, è un' emozione
eccolo ora è appeso
ad un aquilone

e noi lo guardiamo
con il naso all'insù,
è quel puntino
nel cielo blu...

Il pinguino indeciso

Un pinguino infreddolito
pensa al suo vecchio vestito.
"Sono stufo di indossar lo stesso frac!
Guarda qua è tutto scucito!
Stropicciato e un po' sgualcito!"
Poi bevendosi un cognac:
"Ci vorrebbe una brava sarta,
è necessario che io parta!
La migliore è all'equatore...
Ci vorranno molte ore?
Là poi c'è una gran calura,
la trasferta si fa dura!
Forse è meglio rimandare,
non mi sembra un gran affare."

Il treno per Marte

Ecco è pronto il treno per Marte.
Tutti in carrozza, dai che si parte!

Fará tappa ad Urano,
Giove e Plutone.

Un extraterrestre
ci attacca un vagone,
riempito di tanta,
ma tanta speranza,

adesso è pieno,
ce n'è abbastanza
ci ha detto:
"Spargetela a piene mani
su tutto il mondo, su voi umani..."

La tartaruga

Ho una tartaruga che si muove piano
ama nascondersi in mezzo al grano,
mangia carote ed insalata dell'orto,

ed un ravanello corto corto,
se la rugiada le bagna la testa
lei la ritira nel guscio lesta lesta!

La Befana

La Befana vien di notte
con le scarpe tutte rotte,

col vestito alla romana,
viva viva la Befana!

Bom!

Piede, piedino,
fa male il sassolino.
Tolgo il sasso,

vado a spasso,
la legna a raccattare,
il fuoco voglio fare.

L'arcobaleno

Oh, che bella compagnia
sta camminando nella via
ci sono Olly, Emy e Remo
che abbracciano l'arcobaleno.

Olly tiene stretto il rosso
e lo stringe a più non posso,
Emy tiene l'arancione,
il suo colore preferito,
il verde, ahimè, s'è sbiadito.

Remo incerto sul da fare
tiene il blu, color del mare
e a me che piace ogni colore
sono colmo di stupore.
Poi d'un tratto s'alza il vento
e spezza quella magia,
cattura l'arcobaleno e poi se lo porta via...

Sette

C'è una strada che arriva a Camogli
lì vive un uomo che ha sette mogli.

Ogni moglie ha sette gatte
ogni gatta sette gattini

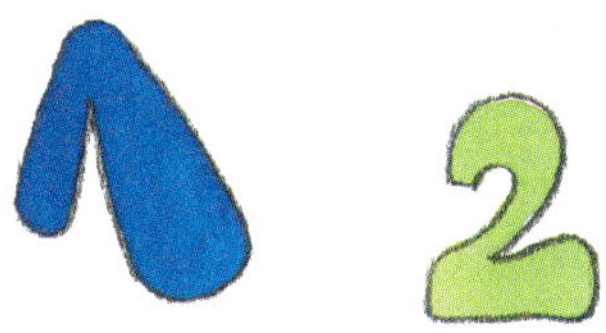

che dormono dentro a sette cestini
fatti di vimini e ben intrecciati...
Quanti sono i gattini? Li hai contati?

Zizzi

Zizzi, mio bell'orsetto
son cresciuta con te sul letto
sui miei sogni tu hai vegliato,
gnomi, unicorni
e un castello fatato.

Nel buio io ti sento vicino
posando la testa sul cuscino
sentivi i battiti del mio cuore
sei stato il mio primo amore!

Il tempo

Sento un orologio che ribatte le ore 7.
"Ma perché lui non la smette?"
dice pigra una clessidra.
E la rondine poi migra,

sorvolando mari e monti.
Or siamo tutti pronti
a sognare un nuovo evento.
Tic toc tac, passa il tempo...

Il remo e l'acqua

Un remo disse un giorno al rematore:
"Fermati per favore!
Non posso parlar con l'Acqua, andando su e giù,
voglio farle un bel discorso, non ce la faccio più.
Devi saper che l'amo, mi voglio dichiarare,
riposati un momento e lasciami un po' in mare."
Allora il rematore, commosso, si fermò
e l'acqua avvolse il remo e poi se lo sposò.

Animali chiacchieroni

Camillo il coccodrillo
con il suo amico grillo,
si fa una scorpacciata
di pane e cioccolata.

La mucca Carolina
si sveglia la mattina,
poi mangia soddisfatta
tre chili di erba matta.

Arriva un leone, si chiama Generone,
ruggisce come un matto
poi corre dietro a un gatto.

Arriva un elefante
mi sembra un po' ingombrante.
Poi passa sotto il ponte
lo scontra e poi lo rompe.

Arriva una giraffa col collo fino al cielo,
abbassa un po' la testa e mangia tutto il melo.
Arriva una farfalla,
nel cielo sempre balla,

e quando vede un fiore
ci si posa per tre ore,
ma quando il sole non c'è più
a cantare... prova tu!

Il palombaro

Un palombaro si tuffò in mare
perché i pesci voleva guardare.
In un baleno arrivò sul fondo
con lo scafandro rotondo rotondo.
Ci sono dei pesci in mezzo ai coralli
son trasparenti come cristalli.
Laggiù che vedo? Il pesce Palla,
che quando c'è il sole, viene su a galla!
Un pesce Spada tra la schiuma si confonde
e con la sua spada infilza le onde.
Il palombaro è esterrefatto
che ci fà in mare il pesce Gatto?
Sta fuggendo dal pesce Cane.
No! Stai tranquillo, non ha più fame.
Il palombaro è tornato a galla
insieme a lui c'è il pesce Palla!

Gatta, gattina

Dove sei stata,
gatta, gattina?

Son stata a Londra a trovar la regina.

Gatta, gattina, cos'hai fatto dopo?
Ho messo tanta paura ad un topo.

Lucciola

Lucciola, lucciola vien da me!
Ti darò pane da re
pane da re e da regina
lucciola, lucciola vien vicina.
Lucciola, lucciola vien da me!
Ti darò veste da re,

e mantello da regina,
lucciola, lucciola piccolina.
Lucciola, lucciola, vien da me!
Ti darò letto da re
e lenzuola da regina
lucciola, lucciola verdolina.

Sommario

Sommario